REPTILIEN UND AMPHIBIEN

Faszinierende Kreaturen der Natur

Philipp Frühwirth

INHALT

EINFÜHRUNG IN DIE WELT DER REPTILIEN UND AMPHIBIEN

Willkommen in der faszinierenden Welt der Reptilien und Amphibien! Diese beiden Tiergruppen gehören zu den ältesten und am meisten beeindruckenden auf unserem Planeten. Vom winzigen Fröschchen bis hin zu den majestätischen Krokodilen – Reptilien und Amphibien sind so vielfältig wie beeindruckend.

Reptilien sind kaltblütige Wirbeltiere, die durch ihr schuppiges Äußeres gekennzeichnet sind. Dazu gehören unter anderem Schlangen, Echsen, Schildkröten und Krokodile. Amphibien hingegen sind Wirbeltiere mit einer weichen und feuchten Haut, die in der Regel in der Nähe von Wasser leben. Hierzu zählen beispielsweise Frösche, Kröten und Salamander.

Diese beiden Tiergruppen unterscheiden sich nicht nur in ihrem Aussehen und ihrer Physiologie, sondern auch in ihrem Lebensstil. Reptilien sind in der Regel langlebig und können viele Jahre alt werden, während Amphibien eher kurzlebig sind. Außerdem verbringen Reptilien einen Großteil ihres Lebens an Land, während Amphibien im Wasser geboren werden und dann zu Landtieren werden.

Die Geschichte von Reptilien und Amphibien geht zurück bis in die Zeit der Dinosaurier und sogar noch weiter zurück. Dank Fossilienfunden und wissenschaftlicher Untersuchungen wissen wir heute, dass diese beiden Tiergruppen bereits vor Millionen von Jahren existierten und eine wichtige Rolle in der Entwicklung der Tierwelt gespielt haben.

Doch wie sieht es heute aus? Wie viele Arten gibt es und wo leben sie? Was sind die größten Bedrohungen für Reptilien und

Amphibien? In den kommenden Kapiteln werden wir diesen und vielen weiteren Fragen auf den Grund gehen und uns in die faszinierende Welt der Reptilien und Amphibien vertiefen.

Egal, ob Sie Reptilien und Amphibien als Haustiere halten möchten oder einfach nur mehr über diese Tiere erfahren möchten – dieses eBook wird Ihnen einen Einblick in ihre Welt geben und Ihnen helfen, sie besser zu verstehen. Von der Anatomie und Physiologie über die Haltung und Pflege bis hin zur Bedeutung für das ökologische Gleichgewicht – Sie werden alles erfahren, was Sie über diese faszinierenden Kreaturen wissen müssen.

UNTERSCHIEDE ZWISCHEN REPTILIEN UND AMPHIBIEN

Die Unterschiede zwischen Reptilien und Amphibien sind auf den ersten Blick nicht immer leicht zu erkennen, da beide Tiergruppen oft ähnliche Merkmale aufweisen. Beide gehören jedoch zu verschiedenen Klassen von Wirbeltieren.

Reptilien werden der Klasse der Reptilien (Reptilia) zugeordnet. Sie sind meist wechselwarme Tiere mit einer trockenen, schuppigen Haut und haben oft vier Gliedmaßen. Zu den bekanntesten Reptilien zählen Schlangen, Echsen, Schildkröten und Krokodile.

Amphibien dagegen gehören zur Klasse der Amphibien (Amphibia). Diese Tiere sind oft wechselwarm, haben eine feuchte, glatte Haut und leben meist während ihres Lebens in zwei verschiedenen Lebensräumen, sowohl an Land als auch im Wasser. Zu den bekanntesten Amphibien zählen Frösche, Kröten und Salamander.

Ein weiterer Unterschied zwischen Reptilien und Amphibien besteht in ihrer Fortpflanzung. Reptilien legen Eier mit einer harten Schale und lassen ihre Nachkommen während der Embryonalentwicklung im Ei ausreifen. Amphibien legen dagegen weichschalige Eier, die oft in Gewässern abgelegt werden. Die Larven schlüpfen aus den Eiern und leben meist im Wasser, bevor sie sich später zu erwachsenen Tieren entwickeln.

Ein weiterer wichtiger Unterschied besteht in der Atmung. Amphibien haben meist Kiemen als Larven und Lungen als erwachsene Tiere, die jedoch feuchtigkeitsempfindlich sind. Reptilien dagegen haben nur Lungen als erwachsene Tiere und atmen durch ihre Nasenlöcher.

Auch in Bezug auf ihre Ernährung gibt es Unterschiede. Reptilien sind meist Fleischfresser und ernähren sich von Insekten, kleinen Säugetieren oder anderen Reptilien. Amphibien ernähren sich oft von Insekten, aber auch von Pflanzen, Fischen und anderen Amphibien.

Insgesamt unterscheiden sich Reptilien und Amphibien sowohl äußerlich als auch in ihrer Fortpflanzung, Atmung und Ernährung. Trotzdem haben beide Tiergruppen eine wichtige Rolle in ihren jeweiligen Ökosystemen und tragen zur Artenvielfalt bei.

EVOLUTION DER REPTILIEN UND AMPHIBIEN

Die Evolution von Reptilien und Amphibien ist ein faszinierendes Thema, das uns einen tieferen Einblick in die Entstehung des Lebens auf der Erde gibt. Beide Gruppen gehören zu den Wirbeltieren und haben sich im Laufe der Zeit unterschiedlich angepasst und weiterentwickelt.

Die Vorläufer der Reptilien und Amphibien waren wahrscheinlich im Wasser lebende Fische, die vor etwa 430 Millionen Jahren auftraten. Diese Fische entwickelten allmählich Lungen statt Kiemen, die es ihnen ermöglichten, aus dem Wasser zu atmen und sich an das Leben an Land anzupassen.

Vor etwa 360 Millionen Jahren waren die ersten Amphibien auf der Erde zu finden. Diese Tiere waren in der Lage, an Land zu leben, aber sie verbrachten auch viel Zeit im Wasser. Die Amphibien haben gemeinsame Merkmale wie zum Beispiel eine feuchte Haut und Kiemen im frühen Stadium ihrer Entwicklung, was sie von den Reptilien unterscheidet.

Reptilien entwickelten sich vor etwa 310 Millionen Jahren von einer bestimmten Gruppe von Amphibien. Durch die Entwicklung von Eiern mit einer harten Schale konnten sie unabhängiger von Gewässern leben und sich weiter an das Leben an Land anpassen. Reptilien sind in der Lage, Wasser aufzunehmen und zu speichern und haben eine dicke, lederartige Haut, die sie vor Austrocknung schützt.

Im Laufe der Zeit haben sich Reptilien weiter diversifiziert und werden heute in vier Hauptgruppen unterteilt: Schlangen und Eidechsen, Krokodile und Alligatoren, Schildkröten und Käfer.

Amphibien hingegen haben ihren evolutiven Erfolg im Wasser und auf der Erde durch verschiedene Anpassungen erreicht. Momentan gibt es drei Hauptgruppen von Amphibien: Frösche, Kröten und Salamander.

Insgesamt hat die Entwicklung von Reptilien und Amphibien eine wichtige Rolle im Prozess der Evolution gespielt und hat sowohl die biologische Diversität als auch das ökologische Gleichgewicht auf der Erde geprägt. Heutzutage sind beide Tiergruppen von zentraler Bedeutung in Ökosystemen und in vielen Kulturen auf der ganzen Welt.

ANATOMIE UND PHYSIOLOGIE VON REPTILIEN UND AMPHIBIEN

Reptilien und Amphibien sind zwei verschiedene Klassen von Wirbeltieren, die trotz ihrer Ähnlichkeiten auch einige signifikante Unterschiede aufweisen. Eine der wichtigsten Unterscheidungen zwischen Reptilien und Amphibien ist ihre Anatomie und Physiologie.

Reptilien haben eine eher unflexible Haut und sind mit Schuppen bedeckt, während Amphibien eine feuchte, poröse Haut haben, die ihnen den Austausch von Gasen ermöglicht. Reptilien haben auch Lungen und atmen Sauerstoff ein, während Amphibien sowohl durch ihre Haut als auch ihre Lungen atmen können.

Im Gegensatz zu Amphibien haben Reptilien auch ein effizientes Kreislaufsystem mit einem komplett ausgebildeten Herz. Sie haben auch eine höhere Körpertemperatur, die es ihnen ermöglicht, in kalten Umgebungen zu überleben. Reptilien sind in der Lage, Wärme zu speichern, was besonders wichtig ist, um ihre Stoffwechselrate zu erhöhen und ihren Körper auf eine optimale Temperatur zu bringen.

Die Anatomie und Physiologie von Reptilien und Amphibien ist jedoch auch von ihrer Umgebung und ihrem Lebensraum abhängig. Einige Reptilien und Amphibien leben in warmen und feuchten Regenwäldern, während andere in trockenen Wüsten oder kalten Polargebieten zu finden sind. Die Evolution hat sie auf ihre spezifischen Umgebungen abgestimmt und ihnen einzigartige Eigenschaften verschafft, die es ihnen ermöglichen, in diesen extremen Lebensräumen zu überleben.

In Bezug auf die Fortpflanzung unterscheidet sich die Anatomie von Reptilien und Amphibien ebenfalls. Reptilien legen Eier oder bringen ihre Jungen zur Welt, während Amphibien ihre Eier in Wasser ablegen und ihre Nachkommen sich in dieser Umgebung entwickeln und schlüpfen. Einige Arten von Amphibien durchlaufen auch eine Metamorphose, bei der sich ihre Larven in erwachsene Tiere verwandeln.

Zusammenfassend lässt sich sagen, dass Reptilien und Amphibien aufgrund ihrer unterschiedlichen Anatomie und Physiologie einzigartig sind und sich gut an ihre spezifischen Lebensräume anpassen können. Es ist wichtig, diese Unterschiede zu verstehen, um besser auf ihre Bedürfnisse eingehen und sie schützen zu können.

LEBENSRAUM UND VERBREITUNGSGEBIETE VON REPTILIEN UND AMPHIBIEN

Reptilien und Amphibien sind auf der ganzen Welt verbreitet und haben sich an verschiedenste Lebensräume angepasst. Sie besiedeln tropische Wälder, Wüsten, Regenwälder, Graslandschaften, Flüsse, Seen und sogar Ozeane.

Die meisten Reptilien und Amphibien bewohnen jedoch tropische Regionen und sind auf warme Temperaturen angewiesen, um ihre Körper aktiv zu halten. Aufgrund ihrer Anpassungsfähigkeit und ihres geringen Nahrungsbedarfs haben sie auch in extremen Lebensräumen wie Wüsten und Polargebieten überlebt.

In Nordamerika gibt es eine große Vielfalt an Reptilien und Amphibien. Die Prärie in den Great Plains beheimatet verschiedene Arten von Schlangen und Eidechsen, während in der Mojave-Wüste in Kalifornien viele Arten von Klapperschlangen vorkommen.

In Südamerika leben viele Arten von Reptilien und Amphibien in den Regenwäldern. Die Anaconda, die größte Schlange der Welt, kommt in den tropischen Gewässern des Amazonas vor, während die berüchtigte Giftfroschgattung Dendrobatidae in den Regenwäldern von Zentral- und Südamerika beheimatet ist.

In Afrika gibt es zahlreiche Arten von Reptilien und Amphibien, die in den verschiedenen Ökosystemen des Kontinents leben. Die Wüstenregionen sind Heimat von Wüstenleguanen, Agamen und Klapperschlangen. In den Savannen und Grasländern gibt es zahlreiche Eidechsen- und Schlangenarten, während in den tropischen Regenwäldern viele Arten von Chamäleons und

Schlangen zu finden sind.

Australien und Neuseeland sind einzigartige Lebensräume für eine große Vielfalt von Reptilien und Amphibien, von denen viele endemisch sind. Die Wüstenregionen Australiens sind berühmt für ihre Warane, während die Regenwälder der Region zahlreiche Arten von Geckos und Schlangen beherbergen.

In Asien gibt es viele Arten von Reptilien und Amphibien, von denen einige eine besondere Bedeutung in der Kultur und Geschichte der Region haben. In Indien ist die Königskobra, eine der giftigsten Schlangen der Welt, beheimatet, während die asiatischen Elefanten in den Wäldern von Südostasien leben. In China gibt es die berühmten Wasserschildkröten und in Japan ist der riesige Salamander heimisch.

Insgesamt sind Reptilien und Amphibien erstaunliche Tiere, die sich an unterschiedlichste Lebensräume angepasst haben und eine wichtige Rolle im ökologischen Gleichgewicht spielen. Es ist faszinierend zu beobachten, wie sie sich in ihrer Umgebung bewegen und anpassen, um zu überleben.

BEDROHUNGEN FÜR REPTILIEN UND AMPHIBIEN

Reptilien und Amphibien sind weltweit von verschiedenen Bedrohungen betroffen. Einige der Bedrohungen sind auf natürliche Ursachen zurückzuführen, wie zum Beispiel Klimaveränderungen, Krankheiten und Raubtiere. Andere Bedrohungen werden jedoch durch menschliche Aktivitäten verursacht und können in vielen Fällen verhindert werden.

Eine der Hauptbedrohungen für Reptilien und Amphibien ist der Lebensraumverlust und die Fragmentierung. Der Bau von Straßen, Siedlungen und landwirtschaftlichen Flächen zerstört oder verändert viele der Lebensräume, die für Reptilien und Amphibien notwendig sind. Die Fragmentierung der Lebensräume kann die Populationsgröße verringern und die genetische Vielfalt reduzieren, was das Überleben von Arten gefährdet.

Ein weiteres Problem für Reptilien und Amphibien ist der invasive Arten. Invasive Arten wie Fische, Kröten und Schlangen können in bestimmten Gebieten heimische Reptilien und Amphibien verdrängen und ihre Nahrungsquellen und Lebensräume zerstören. Zum Beispiel wurde die Ausbreitung der Asiatischen Kröte in Australien mit dem Rückgang von einheimischen Amphibien in Verbindung gebracht.

Die globale Erwärmung ist auch eine Bedrohung für Reptilien und Amphibien. Wenn sich das Klima ändert, kann der Lebensraum für diese Tiere schrumpfen oder unvorhersehbar werden. Einige Arten können sich nicht schnell genug an die veränderten Bedingungen anpassen und sind daher gefährdet.

Vor allem für Reptilien ist die Bedrohung durch den Handel mit Wildtieren hoch. Viele Arten werden für die Haustierindustrie oder für die Verwendung in traditioneller Medizin gefangen und gehandelt. In vielen Fällen werden diese Tiere illegal gefangen, was dazu beiträgt, dass viele Reptilienarten vom Aussterben bedroht sind.

Schließlich sind Chemikalien und Pestizide auch eine Bedrohung für Reptilien und Amphibien. Diese Chemikalien können die Nahrungsquellen von Reptilien und Amphibien beeinträchtigen und ihre Gesundheit und Fortpflanzung beeinträchtigen.

Insgesamt gibt es viele Bedrohungen für Reptilien und Amphibien, aber es gibt auch viele Möglichkeiten, diese Bedrohungen zu bekämpfen und Arten zu schützen. Der Schutz von Lebensräumen und die Regulierung des Handels sind wichtige Maßnahmen, die ergriffen werden müssen, um Reptilien und Amphibien vor dem Aussterben zu bewahren.

BEDEUTUNG VON REPTILIEN UND AMPHIBIEN FÜR DAS ÖKOLOGISCHE GLEICHGEWICHT

Reptilien und Amphibien nehmen eine wichtige Rolle im ökologischen Gleichgewicht ein. Als Beutetiere und Räuber sind sie Teil von Nahrungsketten und haben Auswirkungen auf andere Arten und deren Lebensräume. In diesem Kapitel werden wir einen Blick auf ihre Bedeutung im Ökosystem werfen.

Reptilien und Amphibien, die oft als Kaltblüter bezeichnet werden, haben eine wichtige Rolle im Nahrungsnetzwerk. Sie sind Beutetiere für verschiedene Raubtiere, wie Vögel, Schlangen und Säugetiere. Gleichzeitig ernähren sich viele Arten von Reptilien und Amphibien von Insekten, Spinnen und anderen wirbellosen Tieren. Ihre Rolle als Beutetiere und Insektenfresser hat somit direkte Auswirkungen auf andere Arten, die von einem ausgewogenen Ökosystem abhängig sind.

Darüber hinaus spielen Reptilien und Amphibien auch eine wichtige Rolle bei der Kontrolle von Krankheitsausbrüchen. Amphibien, wie etwa Frösche, leben oft in stark feuchten Umgebungen und können dadurch als Indikatoren für Umweltverschmutzung und klimatische Veränderungen dienen. Darüber hinaus halten sie die Ausbreitung von Krankheiten in Schach, indem sie Insekten, die Krankheiten übertragen können, kontrollieren.

Die Bedeutung von Reptilien und Amphibien zeigt sich auch in ihrem Einfluss auf die Bioindikation. Als Indikatoren von Umweltveränderungen können sie zustandsabhängige Daten liefern und somit helfen, Umweltprobleme aufzudecken.

Zudem beeinflussen Reptilien und Amphibien auch das Ökosystem durch ihre landwirtschaftlichen Vorgänge. Reptilien wie die Schäferklapperschlange spielen zum Beispiel eine wichtige Rolle beim Schutz von Nutztieren vor Raubtieren wie Koyoten oder Füchsen. Indem sie kleine Säugetiere wie Ratten und Mäuse kontrollieren, helfen Reptilien wie Schlangen und Echsen, Schädlingsbefall und Ernteausfälle zu reduzieren.

Insgesamt ist die Bedeutung von Reptilien und Amphibien für das ökologische Gleichgewicht nicht zu unterschätzen. Ihre Rolle als Nahrungsquelle, Indikator von Umweltbedingungen, Pestbekämpfer und vieles mehr hat einen direkten Einfluss auf die Lebensräume anderer Arten. Das bedeutet, dass der Schutz von Reptilien und Amphibien nicht nur dazu beiträgt, diese Arten zu erhalten, sondern auch dazu beiträgt, das Gleichgewicht der Natur aufrechtzuerhalten.

ARTENVIELFALT VON REPTILIEN UND AMPHIBIEN

Reptilien und Amphibien sind beide Arten von Kaltblütern und sind in fast jeder Region der Welt zu finden. Sie spielen eine wichtige Rolle in der ökologischen Vielfalt und sind ein wichtiger Bestandteil des ökologischen Gleichgewichts. In diesem Kapitel werden wir uns mit der unglaublichen Vielfalt der Arten von Reptilien und Amphibien befassen.

Anzahl der Arten

Es gibt etwa 10.000 Arten von Reptilien und 8.000 Arten von Amphibien auf der ganzen Welt. Zu den Reptilien gehören Schlangen, Eidechsen, Schildkröten und Krokodile. Amphibien beinhalten Frösche, Kröten und Salamander.

Artenreichtum in verschiedenen Teilen der Welt

Reptilien und Amphibien sind auf der ganzen Welt zu finden, aber einige Regionen haben eine besonders hohe Artenvielfalt. Die Tropen, insbesondere der Amazonas-Regenwald, sind besonders reich an Arten von Reptilien und Amphibien. Andere Gebiete mit hohem Artenreichtum sind Mittel- und Südamerika, Afrika, Australien und Südasien.

Bedrohung der Artenvielfalt

Die Artenvielfalt von Reptilien und Amphibien wird durch eine Vielzahl von Faktoren bedroht. Lebensraumzerstörung, Klimawandel, Übernutzung und illegale Jagd sind nur einige der größten Bedrohungen. Viele Arten sind vom Aussterben bedroht oder bereits ausgestorben.

Bedrohte Arten

Einige der am stärksten bedrohten Arten von Reptilien sind die Lederschildkröte, die Seeschlange und der Ganges-Gavial. Bedrohte Arten von Amphibien sind der Wyoming-Knallerfrosch, der Seychellen-Stummelfrosch und der Costa-Rica-Feuersalamander.

Erhaltung der Artenvielfalt

Es ist wichtig, Maßnahmen zu ergreifen, um die Artenvielfalt von Reptilien und Amphibien zu erhalten. Bemühungen zur Erhaltung von Lebensräumen, Wiedereinführung von Arten in ausgewählten Gebieten und Überwachung von Wilderei und illegaler Jagd können dazu beitragen, das Überleben dieser Arten zu sichern.

Fazit

Die Vielfalt der Arten von Reptilien und Amphibien ist erstaunlich und spielt eine entscheidende Rolle in der Erhaltung des ökologischen Gleichgewichts. Es liegt in unserer Verantwortung, Maßnahmen zu ergreifen, um diese Arten zu erhalten und ihre Bedeutung für unser Ökosystem zu schützen.

HALTUNG UND PFLEGE VON REPTILIEN ALS HAUSTIERE

Reptilien als Haustiere sind bei Tierliebhabern immer beliebter geworden, obwohl sie im Vergleich zu Hunden, Katzen oder anderen traditionellen Haustieren spezielle Anforderungen haben. Bevor man sich jedoch dazu entscheidet, ein Reptil als Haustier zu halten, ist es wichtig, bestimmte Informationen und Kenntnisse zu dessen Haltung und Pflege zu erwerben. In diesem Kapitel erfahren Sie alles, was Sie über die Haltung und Pflege von Reptilien als Haustiere wissen müssen.

Die Auswahl des geeigneten Reptils

Es gibt viele verschiedene Arten von Reptilien, die als Haustiere gehalten werden können. Zu den beliebtesten gehören Schildkröten, Echsen und Schlangen. Bevor Sie sich jedoch für ein Reptil entscheiden, sollten Sie sich über dessen Anforderungen und Bedürfnisse informieren.

Einige Reptilien benötigen hohe Temperaturen, hohe Luftfeuchtigkeit, spezielle Nahrung und eine emotionale Unterstützung, um in Gefangenschaft zu überleben. Daher ist es wichtig, dass Sie sich ein Reptil aussuchen, das die Fähigkeiten und Erfahrungen hat, die seiner Pflege entsprechen.

Lebensraum und Gehäuse

Das Gehäuse eines Reptils muss in erster Linie seinen physischen Bedürfnissen entsprechen. Schildkröten benötigen beispielsweise ein großes Becken oder eine spezielle Umgebung im Freien, um sich fortzubewegen und sich zu sonnen. Echsen benötigen eine warme Lichtquelle und ein feuchtes Nest, um sich zu erholen und sich zu häuten. Schlangen benötigen ein geeignetes Versteck und genügend Platz, um sich zu bewegen und ihre Muskeln zu trainieren.

Ein geeignetes Gehäuse sollte sauber und angemessen groß sein, um Ihrem Reptil die notwendige Bewegung und Aktivität zu ermöglichen. Es ist wichtig, dass Sie das Gehäuse eines Reptils regelmäßig überprüfen und reinigen, um es vor Schmutz und Bakterien zu schützen und Ihrem Haustier ein gesundes Zuhause zu bieten.

Ernährung

Die Ernährung eines Reptils hängt von seiner Art ab. Schildkröten benötigen hauptsächlich Gemüse und Obst, während Echsen Fleisch oder Insekten benötigen. Schlangen essen normalerweise kleine Nagetiere wie Mäuse oder Ratten. Es ist wichtig, dass Sie die speziellen Nahrungsbedürfnisse Ihres Reptils verstehen und sicherstellen, dass es eine ausgewogene und gesunde Ernährung bekommt.

Nahrungsergänzungsmittel wie Vitamine, Kalzium oder andere Mineralstoffe können Ihrem Reptil auch helfen, gesund und aktiv zu bleiben.

Gesundheitsvorsorge und tierärztliche Betreuung

Die Gesundheit eines Reptils ist von entscheidender Bedeutung, wenn es um die Haltung und Pflege als Haustier geht. Sie sollten sicherstellen, dass Ihr Reptil gut betreut und in gutem Zustand gehalten wird. Es ist auch wichtig, dass Sie ein Tierarzt aufsuchen, der auf Reptilien spezialisiert ist, damit Sie alle notwendigen Gesundheitschecks und Behandlungen durchführen können, um sicherzustellen, dass Ihr Haustier in gutem Zustand bleibt.

Fazit

Die Haltung und Pflege von Reptilien als Haustiere kann eine lohnende Erfahrung sein, wenn Sie sich sorgfältig vorbereiten und die Bedürfnisse Ihres Tieres kennen. Es ist wichtig, dass

Sie sich vor der Entscheidung, ein Reptil als Haustier zu halten, gründlich informieren und bereit sind, angemessene Anstrengungen zu unternehmen, um sicherzustellen, dass Ihr Haustier sich in seinem Heim wohl fühlt und gut betreut wird.

HALTUNG UND PFLEGE VON AMPHIBIEN ALS HAUSTIERE

In den letzten Jahren haben Amphibien als Haustiere immer mehr an Beliebtheit gewonnen. Im Gegensatz zu Reptilien sind Amphibien empfindlicher und benötigen spezielle Bedingungen, um zu überleben. Wenn Sie sich für die Haltung von Amphibien entscheiden, müssen Sie unbedingt sicherstellen, dass Sie den besonderen Anforderungen gerecht werden können.

Die Wahl des richtigen Amphibienhauses ist unerlässlich. Es muss eine Zoohandlung aufgesucht werden, die sich auf die Versorgung von Amphibien spezialisiert hat. Natürlich gibt es auch im Internet eine Fülle an Informationen zum Thema, hier sollte allerdings auf vertrauenswürdige Quellen geachtet werden. Die Umgebung im Amphibienhaus sollte feucht und kühl sein, um die Bedürfnisse der Amphibien zu erfüllen. Es gibt verschiedene Arten von Amphibien, die in verschiedenen Arten von Lebensräumen leben. Daher ist es wichtig, sich im Voraus zu informieren, welche Art von Amphibie am besten zu Ihrem Lebensraum passt.

Es ist wichtig, dass das Amphibienhaus regelmäßig gereinigt wird, da Amphibien anfällig für Infektionen sind. Stellen Sie sicher, dass sowohl der Boden als auch die Seiten des Amphibienhauses gereinigt und desinfiziert werden. Wasser ist ein wesentlicher Bestandteil der Amphibienhaltung, da es oft als Lebensraum, Futterquelle und Fortpflanzungsstätte dient. Achten Sie darauf, frisches und sauberes Wasser zur Verfügung zu stellen. Ein Reinigungszyklus sollte regelmäßig durchgeführt werden, um das Wasser sauber und gesund zu halten.

Um Amphibien als Haustiere zu halten, sollten Sie auch über ihre

Ernährungsbedürfnisse informiert sein. Die meisten Amphibien ernähren sich von Insekten und Würmern. Einige benötigen jedoch eine Nahrungsergänzung in Form von Vitaminen oder Mineralstoffen, um eine optimale Gesundheit zu gewährleisten. Informieren Sie sich im Voraus, welche Art von Futter für Ihre Amphibie optimal ist. Auch hier ist es wichtig, dass das Futter frisch und sauber ist.

Zusätzlich dazu, müssen Amphibien regelmäßig tierärztlich untersucht werden. Die meisten tierärztlichen Kliniken behandeln Reptilien und Amphibien. Wenn Sie jedoch Schwierigkeiten haben, einen Facharzt für Amphibien zu finden, können Sie online nach Listen von Fachärzten suchen oder Ihren Tierarzt um Empfehlungen bitten.

Insgesamt kann die Haltung von Amphibien als Haustiere eine lohnende Erfahrung sein, aber es erfordert Engagement und Achtsamkeit. Machen Sie sich im Voraus mit den Bedürfnissen von Amphibien vertraut, um sicherzustellen, dass Sie für diese empfindlichen Tiere sorgen können. Wenn Sie jedoch bereit sind, sich um diese faszinierenden Kreaturen zu kümmern, können sie für viele Jahre zu treuen Begleitern werden.

TERRARISTIK – EIN HOBBY FÜR REPTILIEN- UND AMPHIBIENLIEBHABER

Die Terraristik ist ein beliebtes Hobby für Reptilien- und Amphibienliebhaber. Es geht dabei um die Haltung und Pflege von verschiedenen Arten in einem speziell eingerichteten Terrarium. Für viele Menschen bedeutet es eine Möglichkeit, sich intensiver mit diesen faszinierenden Tieren auseinanderzusetzen und sie näher kennenzulernen. Doch welche Aspekte spielen bei der Terraristik eine Rolle?

Zunächst muss man sich über die Bedürfnisse und Ansprüche der gehaltenen Tiere im Klaren sein. Welche Temperaturen, Luftfeuchtigkeit und Bodenbeschaffenheit sind für sie ideal? Welche Nahrung benötigen sie und wie oft und in welchen Mengen? Diese und weitere Fragen müssen beantwortet werden, um eine artgerechte Haltung zu gewährleisten.

Eine wichtige Rolle bei der Terraristik spielt auch das Terrarium selbst. Es sollte den Bedürfnissen der Tiere angepasst sein und ausreichend Platz bieten, um sich zu bewegen und ihr Verhalten auszuleben. Auch die Beleuchtung und die Einrichtung müssen den Anforderungen der Tiere gerecht werden. Je nach Art kann dies beispielsweise eine spezielle Sonnen- oder UV-Lampe, Versteckmöglichkeiten oder Kletteräste umfassen.

Ein weiterer wichtiger Aspekt bei der Terraristik ist die Hygiene. Regelmäßige Reinigung des Terrariums und der darin befindlichen Gegenstände sowie eine sorgfältige Handhabung der Nahrung sind unerlässlich, um Krankheiten und Infektionen zu vermeiden. Auch der Umgang mit den Tieren erfordert eine gewisse Vorsicht und Ruhe, um sie nicht zu verängstigen oder zu verletzen.

Die Terraristik bietet nicht nur eine Möglichkeit, sich intensiver mit den faszinierenden Tieren zu beschäftigen, sondern auch eine Chance, einen wichtigen Beitrag zum Artenschutz und zur Erhaltung bedrohter Arten zu leisten. Es gibt viele Zuchtprogramme und Projekte, die sich zum Ziel gesetzt haben, gefährdete Arten zu erhalten und deren Bestände zu vermehren.

Insgesamt ist die Terraristik ein vielseitiges und spannendes Hobby, das jedoch auch eine gewisse Verantwortung mit sich bringt. Wer sich für eine Haltung von Reptilien und Amphibien entscheidet, sollte sich im Vorfeld ausreichend informieren und sich über die Art und Weise der artgerechten Haltung Gedanken machen.

FORTPFLANZUNG UND BRUTPFLEGE BEI REPTILIEN UND AMPHIBIEN

Reptilien und Amphibien gehören zu den ältesten lebenden Organismen auf der Erde. In diesem Kapitel werfen wir einen genaueren Blick auf die Fortpflanzung und Brutpflege bei diesen faszinierenden Tieren.

Die Fortpflanzung von Reptilien und Amphibien ist wie bei allen Wirbeltieren sexuell. Es gibt jedoch Unterschiede zwischen den Arten. Reptilien wie Schlangen, Echsen und Schildkröten legen Eier, während Amphibien wie Frösche und Salamander entweder Eier legen oder ihre Eier außerhalb des Körpers befruchten und dann das heranwachsende Embryo im Mutterleib entwickeln. Einige Arten von Amphibien wie Geburtshelferkröten haben eine einzigartige Fortpflanzungsstrategie, bei der sich die Männchen um die Gelege kümmern und sie beschützen, bis die Jungen schlüpfen.

Reptilien können entweder ovipar (Eierlegende) oder ovovivipar (Eiertragende) sein. Die Eier werden in der Regel in einem Nest oder Unterschlupf vergraben oder abgelegt und dann von den Eltern verlassen, um sich selbst zu entwickeln. Während der Inkubationszeit werden die Eier durch verschiedene Temperaturbedingungen beeinflusst und bestimmen letztendlich das Geschlecht des Nachwuchses.

Bei vielen Arten von Reptilien haben die Weibchen während der Fortpflanzungszeit eine besondere Farbgebung. Zum Beispiel sind die Männchen der Blauzungen-Skink (Tiliqua scincoides) leuchtend blau, während die Weibchen während der Paarungszeit eine orange Farbfärbung aufweisen. Es gibt auch Fälle, in denen Männchen um das begehrteste Weibchen kämpfen. Bei dieser Art der Konkurrenz, kann Körpergröße oder Farbe, sowie Präsentation oder Brüllen einbezogen werden.

Im Gegensatz zu Reptilien legen die meisten Amphibien ihre Eier in Gewässern ab, nachdem sie von einem Männchen befruchtet wurden. Ihre Eier werden in Form von Klumpen oder Geleemassen abgelegt und können in Gruppen von einigen Dutzend bis zu tausend abgelegt werden, abhängig von der Art. Das Substrat, auf dem die Eier abgelegt werden, kann auch die Überlebensrate der Jungen beeinflussen. Bei manchen Amphibienarten weibliche könnte eine kleine Grube graben, um den Gelege zu legen.

Sobald die Eier ausgebrütet sind, sind Reptilien- und Amphibien-Eltern in der Regel nicht an der Brutpflege beteiligt. Die Jungen müssen sich selbst um Nahrung und Schutz kümmern. Einige Arten von Amphibien wie die Surinam-Kröte (Pipa pipa) haben jedoch eine bemerkenswerte Brutpflege. Die Weibchen verkleben die Eier auf ihrem Rücken und tragen die heranwachsenden Kaulquappen auf diese Art und Weise bis zur Metamorphose.

Insgesamt hängt die Fortpflanzungsstrategie und Verteidigung der Eier bei Reptilien und Amphibien von Faktoren wie Klima, Nahrungsangebot, Paarungsbereitschaft und Umgebung ab. Die Evolution bei diesen Tieren hat jedoch zu erstaunlichen Anpassungen und unterschiedlichen Arten von Brutpflege geführt, was sie zu faszinierenden Tieren macht.

FRESSVERHALTEN UND ERNÄHRUNG VON REPTILIEN UND AMPHIBIEN

Reptilien und Amphibien sind wildlebende Tiere, die normalerweise Beutetiere jagen, um sich zu ernähren. Ihre Ernährung besteht hauptsächlich aus Insekten, Kleintieren wie Mäusen, Vögeln und Fischen, aber auch aus Pflanzenmaterial. Eine angemessene Ernährung ist wichtig für das Wohlbefinden und die Gesundheit dieser Tiere, insbesondere wenn sie als Haustiere gehalten werden.

Reptilien

Je nach Art fressen Reptilien unterschiedliche Nahrungsmittel. Fleischfressende Arten wie Schlangen, Krokodile und Echsen ernähren sich hauptsächlich von Tieren wie Nagetieren, Vögeln, Fischen und Insekten. Einige Arten wie Schildkröten und Leguane sind jedoch überwiegend Pflanzenfresser. Für eine ausgewogene Ernährung ist es wichtig zu wissen, welche Art von Nahrung die Tiere benötigen. Lebendiges oder frisches Fleisch ist in der Regel die beste Nahrung für Reptilien. Es gibt jedoch auch speziell hergestellte Trockenfutter und Futterpellets, die für bestimmte Arten geeignet sind.

Es ist wichtig zu beachten, dass einige Reptilien nur bestimmte Arten von Beutetieren fressen und möglicherweise nicht bereit sind, andere Arten von Nahrung zu akzeptieren. Es wird empfohlen, die Ernährung jedes Reptils sorgfältig zu überwachen, um sicherzustellen, dass es ausgewogen und abwechslungsreich ist.

Amphibien

Amphibien wie Frösche und Salamander haben auch unterschiedliche Ernährungsbedürfnisse. Frösche fressen hauptsächlich Insekten wie Fliegen, Mücken und Käfer. Salamander hingegen können sowohl fleischfressend als auch pflanzenfressend sein. Einige Arten von Amphibien haben eine sehr spezialisierte Ernährung wie der Axolotl, der aufgrund seiner Neotenie seine Larvenphase beibehält und ausschließlich auf Fischeier und kleine Fische als Nahrung angewiesen ist.

Da Amphibien oft sehr klein sind, ist es wichtig, dass die Beutetiere, die sie essen, auch klein sind. Wenn sie als Haustiere gehalten werden, können sie mit einer Vielzahl von Insekten gefüttert werden, einschließlich Fliegen, Heuschrecken und Nachtfaltern. Es gibt auch speziell hergestelltes Futter, das für einige Arten von Amphibien geeignet ist.

Insgesamt ist die Ernährung von Reptilien und Amphibien sehr individuell und hängt von Art und Alter des Tieres ab. Wenn Sie planen, ein Haustier-Reptil oder Amphibie zu halten, ist es ratsam, sich im Vorfeld zu informieren, um sicherzustellen, dass Sie sichere und angemessene Nahrung geben, um Ihre Haustiere gesund und glücklich zu halten.

GIFTIGE REPTILIEN UND AMPHIBIEN

Einige Reptilien und Amphibien haben die Fähigkeit, giftige Substanzen zu produzieren und damit sich selbst zu verteidigen oder Beute zu erlegen. Diese giftigen Arten sind für den Menschen eine potenzielle Bedrohung und es ist wichtig, sie zu verstehen, um Unfälle zu vermeiden.

Giftige Reptilien

Die meisten giftigen Reptilien gehören zur Familie der Schlangen. Es gibt rund 600 giftige Schlangenarten, darunter Cobras, Ottern, Addern und Korallenschlangen. Die meisten giftigen Schlangen haben größenbedingte Längenunterschiede, wobei die meisten giftigen Schlangen zwischen 1 und 2 Metern lang sind. Giftige Schlangen leben in einer Vielzahl von Lebensräumen wie Wüsten, Wäldern und Wasserstraßen. Die meisten giftigen Schlangen leben in den warmen Tropen und Subtropen.

Giftige Amphibien

Einige Amphibien haben ebenfalls die Fähigkeit, giftige Substanzen zu produzieren. Dazu gehören die Pfeilgiftfrösche, Salamander und einige Krötenarten. Giftige Amphibien sind in der Regel sehr klein und farbenfroh, was als Warnsignal für potenzielle Fressfeinde dient. Es ist bekannt, dass die Haut von Pfeilgiftfröschen mehr als 300 verschiedene Chemikalien enthält, von denen einige für den Menschen tödlich sein können.

Gefahren für den Menschen

Giftige Reptilien und Amphibien können für den Menschen gefährlich sein, wenn sie nicht angemessen behandelt werden.

Die meisten Menschen treffen auf giftige Arten, wenn sie sich unvorsichtig verhalten oder sich unwissentlich in Lebensräumen von giftigen Arten aufhalten. Eine der häufigsten Ursachen von Schlangenbissen ist das Überqueren des Pfads von Schlangen, die daraufhin zubeißen.

Symptome von Giftbissen

Die Symptome eines Giftbisses können von Art zu Art variieren. Cobra- und Korallenschlangenbisse können zum Beispiel zu Atemnot und neurologischen Störungen führen, während Bisse von Schlangen wie Ottern und Kraits fast sofort Schmerzen, Schwellungen und Blutergüsse verursachen. Giftige Amphibien wie Pfeilgiftfrösche können einen Hautkontakt giftig machen und führen zu Übelkeit, Erbrechen und Hautausschlag.

Giftige Schlangen- und Amphibienarten sollten niemals als Haustiere gehalten werden, da sie eine potenzielle Bedrohung für den Halter und seine Familie darstellen können. Wenn man in einem Gebiet lebt, in dem giftige Schlangen oder Amphibien vorkommen, ist es wichtig, sich sicher zu verhalten, auf Warnungen zu achten und geeignete Schutzkleidung zu tragen, um Verletzungen zu vermeiden. Im Falle eines Bisses sollte man schnellstmöglich medizinische Hilfe aufsuchen und keine Hausmittel anwenden, da diese oft nicht wirksam sind und zu Komplikationen führen können.

HEIMISCHE REPTILIEN UND AMPHIBIEN

In Deutschland gibt es eine große Artenvielfalt von Reptilien und Amphibien, die in heimischen Wäldern, Feuchtgebieten, Flüssen und Seen zu finden sind. Viele dieser Tiere sind jedoch gefährdet und stehen auf der roten Liste der bedrohten Arten.

Zu den heimischen Reptilien gehören Eidechsen und Schlangen. Die bekanntesten Eidechsenarten sind die Zauneidechse und die Waldeidechse. Sie bevorzugen sonnenbeschienene Plätze und ernähren sich von Insekten und Spinnen. Die Schlangenarten in Deutschland sind hauptsächlich ungiftig, wie die Ringelnatter und die Schlingnatter. Die Kreuzotter ist jedoch eine giftige Art, die in einigen Teilen Deutschlands vorkommt.

Aber auch bei den Amphibien gibt es eine Vielzahl von Heimattieren. Die bekanntesten sind der Grasfrosch, der Teichfrosch, die Erdkröte und der Feuersalamander. Sie bevorzugen feuchte Lebensräume wie Seen, Flüsse und Feuchtgebiete. Viele Amphibien haben eine auffällige Färbung, um Fressfeinde abzuschrecken.

In Deutschland gibt es jedoch auch einige Arten, die vom Aussterben bedroht sind. Der Laubfrosch zum Beispiel gilt als vom Aussterben bedroht, da während der Fortpflanzungszeit viele seiner Lebensräume zerstört wurden. Auch der Kammmolch ist eine gefährdete Art, die in Deutschland nur noch in wenigen Regionen zu finden ist.

Um den Erhalt dieser heimischen Arten zu gewährleisten, wurden viele Schutzmaßnahmen ergriffen. Dazu gehört beispielsweise die Schaffung von Schutzgebieten und der Erhalt und Ausbau von

Lebensräumen für Reptilien und Amphibien. Aber auch jeder Einzelne kann dazu beitragen, indem er beispielsweise Gärten naturnah gestaltet und auf den Einsatz von Pestiziden verzichtet.

Insgesamt bereichern heimische Reptilien und Amphibien unsere Natur und tragen zur Artenvielfalt bei. Es ist unsere Verantwortung, ihre Lebensräume zu schützen und zu erhalten, um zukünftigen Generationen diese wunderbaren Tiere zu zeigen.

EXOTISCHE REPTILIEN UND AMPHIBIEN

Reptilien und Amphibien gibt es in allen Größen und Farben und viele Arten sind auch für den Laien erkennbar. Es gibt jedoch auch eine große Anzahl exotischer Arten, deren Namen für die meisten Menschen unverständlich sind und die einen besonderen Reiz für Terrarienbesitzer darstellen.

Exotische Reptilien- und Amphibienarten stammen oft aus anderen Ländern und haben spezifische Anforderungen an ihre Umweltbedingungen, die für die Haltung und Pflege im Terrarium berücksichtigt werden müssen. Einige der bekanntesten exotischen Reptilienarten sind der Grüne Leguan, die Königspython und der Boa Constrictor. Bei den Amphibien sind der Rotaugenlaubfrosch und der Feuerbauchmolch bekannt.

Einige dieser Arten haben sich als Haustiere etabliert. Viele davon werden bereits seit vielen Jahren erfolgreich in Gefangenschaft gezüchtet, was bedeutet, dass sie nicht aus der Wildnis stammen. Trotzdem sollte man sich vor dem Kauf eines Reptils oder Amphibiums über die Herkunft, die spezifischen Bedürfnisse und die artgerechte Haltung informieren.

Es ist wichtig zu bedenken, dass exotische Reptilien und Amphibien ernsthafte gesundheitliche Risiken für Menschen in sich bergen können. Einige Arten können sowohl für den Menschen als auch für andere Haustiere gefährlich sein. Beispielsweise können einige Reptilien Salmonellen übertragen. Es ist wichtig, bei der Handhabung von exotischen Arten vorsichtig zu sein und sich an die entsprechenden Hygienemaßnahmen zu halten.

In vielen Ländern gibt es gesetzliche Vorschriften für die Haltung von exotischen Reptilien- und Amphibienarten. Bevor man also ein exotisches Tier kauft, sollte man sich über die in dem Land geltenden Gesetze und Vorschriften informieren. In einigen Ländern ist der Besitz von einigen Arten verboten oder bestimmte Arten dürfen nur von lizenzierten Züchtern und Händlern erworben werden.

Die Haltung von exotischen Reptilien und Amphibien erfordert auch eine gewisse Verantwortung und Engagement. Es ist wichtig, das Terrarium sorgfältig einzurichten und auf die Bedürfnisse der jeweiligen Art abzustimmen, um eine artgerechte Haltung zu gewährleisten. Regelmäßige tierärztliche Untersuchungen und eine angemessene Ernährung sind ebenfalls erforderlich.

Fazit:

Exotische Reptilien- und Amphibienarten sind faszinierende Tiere, aber ihre Haltung sollte sorgfältig durchdacht werden. Bevor man sich für den Kauf eines Tieres entscheidet, sollte man sich über seine spezifischen Bedürfnisse und die geltenden Gesetze und Vorschriften informieren. Die Haltung von Reptilien und Amphibien erfordert Engagement und Verantwortungsbewusstsein, aber mit der richtigen Vorbereitung und Sorgfalt kann es ein lohnendes und bereicherndes Erlebnis sein.

REPTILIEN UND AMPHIBIEN IN DER KUNST UND LITERATUR

Reptilien und Amphibien haben seit jeher eine große Faszination auf die menschliche Kreativität gehabt. Sie haben die literarische Welt inspiriert und faszinierende Kunstwerke hervorgebracht.

In der antiken griechischen Mythologie waren Reptilien und Amphibien wichtige Darsteller. Der Hydra, ein legendäres Ungeheuer, hatte neun Köpfe und konnte sich bei der Niederlage jedes Kopfes regenerieren. Medusa, eine weitere berühmte Figur, wurde als schöne Frau beschrieben, deren Haare aus lebendigen Schlangen bestanden. In der biblischen Sintflutgeschichte ist die Arche mit Paaren von jeder Art von Lebewesen beladen, darunter auch Reptilien und Amphibien.

Die prähistorischen Höhlenmalereien haben auch Reptilien und Amphibien als Inspiration aufgegriffen. In Australien gibt es Felsmalereien von Reptilien, die von den Aborigines gezeichnet wurden. Die Azteken hatten auch eine starke Verbindung zu Reptilien wie Schlangen und Eidechsen sowie Amphibien wie Fröschen und Kröten. Sie glaubten, dass sie übernatürliche Kräfte hatten.

Ein weiteres Beispiel für Reptilien und Amphibien in der Kunst und Literatur ist das Buch "Alice im Wunderland" von Lewis Carroll. In diesem Buch trifft Alice auf viele seltsame Kreaturen, darunter auch eine sprechende Riesenschlange und den fast unsichtbaren Frosch Fritter.

In der modernen Kunst können wir auch viele kreative Interpretationen von Reptilien und Amphibien finden. Die Werke des Künstlers Salvador Dali sind dafür bekannt, dass er sie in vielen seiner surrealistischen Gemälde verwendet hat, um eine ungewöhnliche visuelle Perspektive zu erreichen. Ein weiterer Künstler, der sich auf Reptilien und Amphibien spezialisiert hat, ist Mark Henson. Seine surrealistischen Gemälde zeigen oft Mischwesen aus Reptilien, Insekten und Amphibien.

Reptilien und Amphibien sind auch in der Populärkultur präsent. Zum Beispiel wurde der Charakter der "Teenage Mutant Ninja Turtles", die aus Schildkröten bestehen, die durch ein chemisches Experiment zu menschenähnlichen Kreaturen werden, populär.

In der Musikwelt spielt der musikalische Künstler David Bowie auch mit der Thematik von Reptilien und Amphibien, indem er sich auf der Bühne als eine Art bizarres Kreaturen aus Reptilien und Amphibien verkleidet. Er benutzt seine Phantasie,um mysteriöse Kreaturen zu erschaffen, um sein Publikum zu faszinieren.

Insgesamt zeigen die Kunst und Literatur, dass Reptilien und Amphibien eine starke Anziehungskraft auf die menschliche Phantasie haben. Obwohl einige Menschen sich vor ihnen fürchten, finden andere, dass sie schön und faszinierend sind. Die Verwendung von Reptilien und Amphibien als Inspiration in der Kunst hilft, ihre schillernde Vielfalt und einzigartigen Qualitäten zu schätzen und auf positive Weise ihre Präsenz in der Welt zu akzeptieren.

WISSENSCHAFTLICHE FORSCHUNG AN REPTILIEN UND AMPHIBIEN

Reptilien und Amphibien haben die Aufmerksamkeit von Wissenschaftlern auf der ganzen Welt auf sich gezogen. Die Forschung an diesen Tieren ist von großer Bedeutung für die Wissenschaft, da sie uns helfen kann, wichtige Erkenntnisse für Gesundheit, Umwelt und Biodiversität zu gewinnen.

Ein wichtiger Bereich der Forschung bei Reptilien und Amphibien ist die Genetik. Forscher untersuchen das Erbgut und die Genetik von Reptilien und Amphibien, um mehr über ihre Evolution und die Vielfalt innerhalb dieser Gruppen zu erfahren. Es gibt jedoch auch Anwendungen in der Medizin, zum Beispiel bei der Entwicklung von neuen Medikamenten.

Eine weitere wichtige Forschungsrichtung sind die Verhaltensstudien bei Reptilien und Amphibien. Forscher untersuchen das Verhalten von Reptilien und Amphibien und ihren ökologischen Rollen. Zum Beispiel können wir durch Studien über das Verhalten von Schlangen mehr über deren Vorkommen und Lebensweise erfahren.

Die Forschung an Reptilien und Amphibien ist auch von großem Nutzen für den Erhalt der Artenvielfalt. Forscher untersuchen, welche Arten am stärksten vom Artensterben bedroht sind, wie man schützende Maßnahmen ergreifen kann und welche Auswirkungen schützende Maßnahmen auf die Arten haben.

Eine weitere wichtige Forschungsrichtung ist die Untersuchung von Krankheiten bei Reptilien und Amphibien. Diese Tiere können Tausende von Kilometern bereisen, um zu ihren

Bruthabitaten zu gelangen und dabei Krankheitserreger verbreiten. Daher ist es wichtig, Infektionskrankheiten bei Reptilien und Amphibien zu verstehen, um ihre Auswirkungen auf andere Arten zu minimieren und Infektionskrankheiten beim Menschen, wie z.B. Tollwut, zu vermeiden.

In Bezug auf die Terraristikforschung versuchen Wissenschaftler, Methoden zu entwickeln, um Reptilien und Amphibien in Gefangenschaft besser zu züchten und zu pflegen. Zum Beispiel untersuchen sie, welche Umgebungsbedingungen erforderlich sind, damit Eier schlüpfen und Jungtiere überleben können.

Abschließend lässt sich sagen, dass die Forschung an Reptilien und Amphibien enorm wichtig ist, um unsere Kenntnisse über diese faszinierenden Tierarten zu erweitern. Die Arbeit von Wissenschaftlern auf diesem Gebiet trägt dazu bei, die Bedeutung von Reptilien und Amphibien in der Wissenschaft, im Schutz der Artenvielfalt und in der Tierhaltung besser zu verstehen.

MYTHOLOGIE UND VOLKSGLAUBEN ÜBER REPTILIEN UND AMPHIBIEN

Reptilien und Amphibien nehmen seit Jahrtausenden eine wichtige Stellung in der Mythologie und im Volksglauben ein. In vielen Kulturen auf der Welt werden Schlangen, Schildkröten, Eidechsen, Kröten und Frösche als göttliche Wesen verehrt oder als Symbole von Glück und Gesundheit angesehen. Im Folgenden werfen wir einen Blick auf einige der faszinierenden Mythen und Legenden, die sich um Reptilien und Amphibien ranken.

In der antiken griechischen Mythologie galt die Schlange als heiliges Tier. Die Göttin Hygieia, eine ältere Tochter des Gottes Asklepios, war die Göttin der Gesundheit und Schlangen waren ein wichtiges Symbol ihrer Kultstätten. Auch die ägyptische Mythologie verehrte die Schlange. Der Kobra-Gott Wadjet war die Schutzgöttin von Königinnen und galt als Beschützerin des Pharaos.

In vielen Kulturen werden Schlangen auch mit Stärke, Weisheit und Schöpfungskraft assoziiert. Im Hinduismus beispielsweise ist die Schlange Naga ein wichtiger Schutzpatron, der als Wächter der geheimen Schätze und Schriften verehrt wird. Schlangen finden auch in der chinesischen Tradition eine wichtige Rolle. Dort wird die Schlange als Zeichen der Schönheit, Weisheit und Stärke betrachtet.

Neben Schlangen haben auch Schildkröten in vielen Kulturen eine besondere Bedeutung. Auf den Philippinen beispielsweise glaubt man, dass eine Schildkröte, die im Meer lebt, das ebenso mystische wie kraftvolle Wesen namens Bakunawa ist.

In der chinesischen Mythologie ist die Schildkröte ein besonders heiliges Tier. Sie gilt als göttliches Wesen, das Himmel und Erde miteinander verbindet. Die chinesische Legende besagt auch, dass das Universum auf dem Rücken einer Schildkröte ruhe.

In manchen Kulturen gelten Frösche und Kröten als Glücksbringer. In Japan gibt es beispielsweise einen Volksglauben, wonach die Kröte als Bote von Glück, Wohlstand und langer Lebensdauer gilt. In der mexikanischen Kultur hingegen besagt die Legende von Tenochtitlan, dass die Azteken die Gründung von Mexiko-Stadt von einem Frosch prophezeit bekam.

In vielen Mythen und Legenden spielen auch Drachen eine wichtige Rolle. Drachen entstammen oft der chinesischen Mythologie und werden dort als Glückssymbol gesehen. Auch in der europäischen Mythologie findet man Drachen, die oft als furchterregende und feurige Wesen beschrieben werden. Drachen werden mit Macht und Stärke in Verbindung gebracht. Oft haben sie auch einen besonderen Bezug zu Wasser, Erde oder Feuer.

Zusammenfassend lässt sich sagen, dass Reptilien und Amphibien eine tiefgehende Verbindung mit der Mythologie und dem Volksglauben nahezu jeder Kultur auf der Welt haben. Sie sind Symbole von Stärke, Weisheit, Gesundheit und Schönheit. Die Bedeutung dieser Tiere in den verschiedenen Kulturen unterstreicht ihre Wichtigkeit und ihren Platz in unserer Welt.

ZUKUNFTSAUSSICHTEN FÜR REPTILIEN UND AMPHIBIEN – CHANCEN UND HERAUSFORDERUNGEN.

Die Zukunft von Reptilien und Amphibien könnte nicht düsterer aussehen. Viele Arten im natürlichen Lebensraum sind von Aussterben bedroht, und ihre Lebensräume schrumpfen weiter. Die Hauptursache für den Rückgang ist der Mensch - von der Zerstörung natürlicher Lebensräume bis hin zu illegaler Jagd und Überfischung. Es gibt jedoch Hoffnung auf eine bessere Zukunft. Wissenschaftler und Naturschützer tun ihr Bestes, um die Artenvielfalt dieser wunderbaren Tiere zu erhalten und zu fördern.

Eine Chance für Reptilien und Amphibien besteht darin, dass immer mehr Menschen sich für ihren Schutz einsetzen. Es wird nun mehr Wert auf den Schutz von Lebensräumen und das Management von Bedrohungen gelegt. Es gibt auch eine größere Sensibilisierung für die Bedeutung von Reptilien und Amphibien in Ökosystemen und für ihre Rolle in der biologischen Vielfalt insgesamt. Die Zusammenarbeit zwischen verschiedenen Ländern und Organisationen hat zur Entwicklung von Schutzprogrammen beigetragen, die den Schutz von bedrohten Arten fördern.

Die Fortschritte in Wissenschaft und Technologie eröffnen auch positive Perspektiven für Reptilien und Amphibien. Neue Technologien ermöglichen die Identifizierung von komplexen ökologischen Zusammenhängen und die Bewertung der besten Schutz- und Managementpraktiken. Erhöhte

Forschungsbemühungen unterstützen auch die Zucht bedrohter Arten und die Auswilderung in geeigneten Lebensräumen.

Die Bekämpfung von Krankheitserregern wie dem Chytridpilz stellt jedoch eine enorme Herausforderung dar. Diese Krankheit hat dazu beigetragen, dass viele Amphibienarten in den letzten Jahrzehnten ausgestorben sind oder vom Aussterben bedroht sind. Ein weiteres Problem ist der Handel mit Wildtieren - viele Reptilien- und Amphibienarten sind bei Sammlern auf der ganzen Welt sehr beliebt und leiden unter illegaler Entnahme und Handel.

Es liegt in der Verantwortung jedes Einzelnen, sich für den Schutz von Reptilien und Amphibien einzusetzen. Wir können die Umweltzerstörung vermeiden, indem wir bewusst leben und die Natur respektieren. Wir können auch unsere Unterstützung für Schutzprogramme, Forschungseinrichtungen und Naturschutzorganisationen durch Spenden und Freiwilligenarbeit zeigen.

Zusammengefasst haben Reptilien und Amphibien eine wichtige Rolle in unserem Ökosystem, und es gibt noch viel zu tun, um ihre Zukunft zu sichern. Wir müssen weiterhin zusammenarbeiten, um die Herausforderungen zu bewältigen. Nur so können wir sicherstellen, dass wir in Zukunft immer noch die wunderbaren Kreaturen genießen können, die Reptilien und Amphibien darstellen.